CÓMO ENCONTRAR tu PASIÓN

Las 23 preguntas que
CAMBIARÁN TU VIDA

MICHELLE KULP

Copyright © 2021 by Michelle Kulp y Monarch Crown Publishing

Todos los derechos reservados. Ninguna parte de este libro puede reproducirse de ninguna forma sin el permiso por escrito del autor. Los reseñantes pueden citar breves pasajes en las reseñas.

ISBN: 978-1-7354188-9-6

Tabla de Contenidos

Introducción 1

Capítulo 1: Odio 15

Capítulo 2: Juventud 19

Chapter 3: Orientación 23

Capítulo 4: Tiempo 27

Capítulo 5: Adivina 31

Capítulo 6: Verdad 35

Capítulo 7: Libertad 39

Capítulo 8: Fracaso 43

Capítulo 9: Éxito 47

Capítulo 10: Futuro 51

Capítulo 11: Ira 55

Capítulo 12: Contribución 59

Capítulo 13: Práctica 63

Capítulo 14: Flow (Fluir) 67

Capítulo 15: Intereses 71

Capítulo 16: Miedos 75

Capítulo 17: Menos 79

Capítulo 18: Millones 83

Capítulo 19: Otros 87

Capítulo 20: Obstáculos 91

Capítulo 21: Principio 95

Capítulo 22: Voz interior 99

Capítulo 23: Sufrimiento 103

Pregunta extra: Esperando 107

Pensamientos finales 115

Sobre Michelle Kulp 119

Introducción

Una pregunta tiene el poder de transformar toda tu vida por completo.

Einstein dijo: "Si tuviera una hora para resolver un problema y mi vida dependiera de la solución pasaría los primeros 55 minutos pensando la pregunta adecuada para hacer; porque con la pregunta adecuada, podría resolver el problema en menos de cinco minutos."

Einstein fue un hombre brillante.

En su libro número uno en ventas del Wall Street Journal, *Solo una cosa* Gary Keller, el fundador de Keller Williams Realty, Inc., escribió:

"La vida es una pregunta. Seguramente te estás preguntando '¿Por qué centrarse en una pregunta cuando lo que realmente anhelamos es una respuesta?' Es simple. Las respuestas provienen de las preguntas, y la calidad de cualquier respuesta está directamente determinada por la calidad de la pregunta. Haz la pregunta equivocada, y obtendrás la respuesta incorrecta. Haz la pregunta correcta, obtendrás la respuesta correcta. Haz la pregunta más poderosa posible y la respuesta puede cambiar tu vida."

A lo largo de los años, yo también he aprendido el poder de hacer las preguntas correctas.

Esta es la historia de una pregunta poderosa que cambió la trayectoria de mi vida ...

El 23 de octubre de 1992, conocí por casualidad al cantante y actor de música country Billy Ray Cyrus *(el padre de Miley Cyrus)* después de un concierto en el que actuó y tuve el placer de pasar unas horas charlando con él. Durante nuestro tiempo juntos, Billy Ray me preguntó:

"¿Cuáles son tus sueños?"

En aquel tiempo, mi matrimonio se acababa de romper. . Estaba luchando para mantener económicamente a mis tres hijos, viviendo de sueldo en sueldo en un trabajo con mucho estrés en el campo legal. Tenía severos ataques de pánico que me llevaron a la sala de urgencias donde pensé que estaba teniendo un ataque cardíaco, y a mi hermano mayor y mejor amigo, Michael, le diagnosticaron SIDA y se estaba muriendo. Tenía 29 años.

No hace falta decir que fue un momento oscuro en mi vida y que estaba viviendo en modo de supervivencia. Por aquel entonces, no tenía ni el tiempo ni la energía para pensar en "sueños".

Cuando estás luchando y en modo de supervivencia, simplemente no tienes la capacidad de reflexionar sobre cosas de nivel superior como *los sueños*.

Abraham Maslow habló sobre ésto en su jerarquía de necesidades las cuales son:

- **Necesidades Básicas** – Necesidades fisiológicas: comida, agua, calor, descanso.

- **Necesidades de seguridad** – Seguridad.

- **Necesidades de pertenencia y amor** – Relaciones íntimas, amigos.

- **Necesidades de estima** – Prestigio y sentimientos de logro.

- **Autorrealización** – Alcanzar el máximo potencial de uno mismo, incluidas las actividades creativas.

Cualquiera que esté luchando por satisfacer sus necesidades físicas y / o psicológicas básicas no está en un estado de ánimo para concentrarse en la autorrealización.

La pregunta de Billy Ray tocó una fibra sensible en mi interior. Durante nuestra conversación, Billy Ray dijo: "Todos tenemos un sueño enterrado en nuestro interior y es nuestro trabajo salir y encontrar ese sueño y una vez lo tengamos, nunca debemos renunciar a él."

Seguí el consejo de Billy Ray y salí en busca de este sueño esquivo; el que me traería un profundo sentimiento de propósito, pasión y realización; las cosas que faltaban severamente en mi vida en ese momento.

Me tomó alrededor de un año de autoexamen antes de darme cuenta. Una vez más, fue por una pregunta que leí en un librito que cayó en mis manos en la librería. Ese libro era *How to Find Your Mission in Life* de Richard Bolles.

Cuando leí la pregunta, supe de inmediato la respuesta y cuál era mi sueño. De repente me sentí renovada y viva con propósito, pasión y dirección en mi vida.

La pregunta que cambió mi vida en el libro de Richard Bolles fue: "¿Qué te encanta hacer cuando pierdes todo el sentido del tiempo?"

Para y piensa en esa pregunta por unos momentos antes de seguir leyendo.

Cuando leí esa pregunta y reflexioné sobre ella, de repente volví a mi infancia recordando cuánto me encantaba escribir; cómo cinco horas de escritura me parecían cinco minutos. Me encantaba escribir poesía, ensayos, cuentos e incluso informes para la escuela. Escribiendo perdía todo el sentido del tiempo.

Desafortunadamente, a medida que "crecemos" y nos convertimos en adultos, dejamos atrás nuestros intereses y pasiones infantiles y tomamos el camino más práctico de conseguir un trabajo que pague nuestras facturas. A menudo elegimos los salarios sobre las aspiraciones de nuestra alma.

Lo peor es que cuando estás atrapado en un trabajo que odias, te sientes como si estuvieses encerrado en una prisión.

Trabajé en el área legal como asistente legal en un ambiente de alto estrés durante 17 años hasta que no pude respirar más. Literalmente me estaba consumiendo la vida.

Escribí sobre cómo me liberé de la prisión laboral en mi libro, *Quit Your Job and Follow Your Dreams: A 12-Month Guide to Being Joyfully Jobless*. Ahora, enseño a otros a hacer lo mismo.

Rumi nos recuerda, "Lo que estás buscando te está buscando."

Cuando Billy Ray Cyrus me hizo esa pregunta sobre cuáles eran mis sueños, me inició en un camino que finalmente me llevó a la respuesta que estaba buscando.

Este libro contiene 23 preguntas que cambian la vida. Antes de comenzar, mi primera pregunta para ti es:

¿Escuchas a tu cabeza más que a tu corazón?

Con demasiada frecuencia, tomamos decisiones únicamente desde nuestra mente lógica, y eso puede estar bien por un tiempo, pero cuando experimentamos profundos sentimientos de infelicidad, falta de realización y falta de propósito, es hora de un cambio y una nueva dirección.

Cuando tomamos decisiones únicamente desde nuestra mente lógica, entonces estamos dejando a nuestro corazón y alma fuera de la ecuación. Cuando hacemos eso, a menudo nos sentimos agotados. Mentalmente, físicamente, espiritualmente y emocionalmente agotados.

Las 23 preguntas de este libro están diseñadas para ayudarte a encontrar tu propósito, tu "pasión".

No tengas prisa leyendo este el libro. No corras. Lee cada pregunta y el capítulo corto, luego contempla tu respuesta y escríbela a mano. Busca en tu corazón y alma, y no en tu mente lógica.

Antes de sumergirnos en las preguntas, tengo algunas herramientas que he estado usando durante más de 25 años que creo que pueden ayudar a conectar tu cabeza con tu corazón a lo largo de este viaje para que puedas escuchar las respuestas desde lo más profundo de ti.

Herramientas de Sintonización

Estaba sentada en la oficina de mi terapeuta cuando de repente ella anunció: "Conozco tu problema, Michelle; tu corazón y tu cabeza no están conectados."

Tenía razón. Pasé toda mi vida escuchando mi "cabeza" e ignorando completamente mi corazón.

Las decisiones que tomé hasta ese momento fueron prácticas y se basaron en la obligación y la responsabilidad dejando a mi corazón fuera de la ecuación..

Conectar mi corazón y mi cabeza ha sido un largo y arduo viaje, y afortunadamente descubrí algunas herramientas que me han ayudado en el camino. Ahora quiero compartir esas herramientas contigo para que puedas recibir el mismo beneficio que he obtenido yo con ellas.

Dos de las herramientas (*Las páginas matutinas* y la cita con el *Artista*) son de Julia Cameron, una artista bloqueada recuperada y autora del libro *bestseller* "*El camino del Artista: Un curso de descubrimiento y rescate de tu propia creatividad*".

Añado una herramienta más que te ayudará a calmar tu mente egoica y te ayudará a sintonizarte con los susurros de tu corazón y alma: la *meditación*.

No es necesario que utilices estas herramientas, pero si eres demasiado práctico, responsable, concienzudo y estás profundamente conectado con tu mente lógica como yo, creo que realmente te ayudará enormemente.

Empecemos...

Páginas matutinas

En su libro *El Camino del Artista,* Julia Cameron introduce dos herramientas esenciales para la "recuperación creativa" las cuáles son las *páginas matutinas* y *la cita con el artista.*

Para recuperar tu creatividad y tu pasión, debes encontrarlas. Las páginas matutinas te ayudarán en esta labor de recuperar tu creatividad y pasión.

Las páginas matutinas son simplemente tres páginas de escritura a mano, escritura estrictamente de flujo de conciencia. Podrías pensar en ellas como un drenaje de tu cerebro.

No hay forma incorrecta de hacer las páginas matutinas. Son una gran herramienta para la recuperación creativa y encontrar tu pasión, que es parte de esa recuperación creativa.

Desgraciadamente, todos somos víctimas de nuestro crítico interno, perfeccionista interno y alborotador interno.

Esta no es la verdad de quiénes somos o de lo que somos capaces de hacer. Estas voces internas colectivas son un dispositivo de bloqueo que te aleja de tu creatividad y de tus pasiones.

Al escribir tres páginas en un cuaderno o diario todas las mañanas, llegarás al otro lado de tu censor, alborotador y crítico interior.

No importa sobre qué escribas. Simplemente escribe sin pensar en lo que estás escribiendo. Nadie va a ver tus páginas matutinas, así que puedes desahogarte, quejarte, maldecir, regañar, protestar, procesar, imaginar, soñar e inventar.

Las páginas matutinas alimentarán a tu artista interior y comenzarás a escuchar esa voz tranquila interior y eventualmente te conectarás con tu propio centro silencioso.

El cerebro lógico es nuestro cerebro de supervivencia y teme a lo desconocido. El cerebro lógico nos dice que seamos responsables y sensibles siempre.

El cerebro del artista es nuestro cerebro creativo y holístico que quiere salir y jugar.

No subestimes el poder de las páginas matutinas, ya que son una práctica espiritual y te llevarán a tu poder interior y a tu propia fuente de sabiduría.

Las únicas reglas son que escribas tus páginas matutinas tan pronto como te despiertes (escritura del flujo de la conciencia) y que escribas tres páginas a mano en un cuaderno o diario que no compartas con los demás. Eso es.

Las páginas matutinas ayudan a trazar nuestro propio interior y sin ellas nuestros sueños y pasiones permanecerán enterrados.

Una vez que seas constante con ellas, las páginas matutinas señalarán la necesidad de un *ajuste del curso*.

Esto es lo que dice Julia Cameron sobre las páginas matutinas:

- Tus páginas matutinas son tu barco. Te guiarán hacia delante de tal forma, que te darán un lugar para recuperarte en tu movimiento hacia adelante.

- ...escribir páginas puede abrir una puerta interior a través de la cual nuestro Creador nos ayuda y nos guía. Nuestra voluntad abre esta puerta interior. Las páginas matutinas simbolizan nuestra voluntad de hablar y escuchar a Dios ... es muy poderoso.

- El patrón de *"copo de nieve"* de tu alma está emergiendo. Cada uno de nosotros es un individuo creativo único. Pero a menudo desdibujamos esa singularidad con azúcar, alcohol, drogas, exceso de trabajo, subestimación de las malas relaciones, sexo tóxico, falta de ejercicio, exceso de televisión, falta de sueño - muchas y variadas formas de comida chatarra para el alma. Las páginas nos ayudan a ver estas manchas en nuestra conciencia.

Me encanta lo que dice May Sarton, autora de docenas de libros inspiradores, incluido *Journal of a Solitude*: "Siempre se vuelve a la misma necesidad: profundiza lo suficiente y hay un fundamento de la verdad, por duro que sea".

PASO DE ACCIÓN: Compra un cuaderno o diario, etiquétalo y comienza tus páginas matutinas mañana.

La siguiente herramienta es la cita con el artista....

La Cita con el Artista

Superficialmente, ésto puede parecer una distracción o una diversión, pero la cita con el artista es muy poderosa y está diseñada para brindarte más información, inspiración y orientación.

La cita con el artista consiste únicamente en un bloque de tiempo, dos horas por semana, en el que reservas tiempo para nutrir tu conciencia creativa; tu artista interior.

Tu artista necesita ser sacado, escuchado y mimado. Piensa en tu artista interior como un niño y la cita con el artista es auto-nutritiva para tu niño artista.

Me doy cuenta de que cuando reservo este tiempo para mi cita con el artista, curiosamente ocurren todo tipo de imprevistos y excusas que impiden que suceda mi cita con el artista.

Cuando seguimos nuestras pasiones y propósitos, tenemos que luchar contra una fuerza llamada *"la resistencia"* que no quiere que crezcamos, evolucionemos o tengamos éxito.

Steven Pressfield, autor de varios libros superventas como La Guerra del Arte y *Turning Pro: Tap Your Inner Power y Create Your Life's Work*, explica esta resistencia que todos tenemos que enfrentar así:

"La resistencia no sólo nos impide comprometernos con el trabajo importante de nuestras vidas, sino nos hace luchar obsesivamente para lograrlo."

Continúa explicando que *la resistencia* odia dos cualidades por encima de todas las demás: concentración y profundidad. ¿Por qué? Porque cuando trabajamos con enfoque y trabajamos en profundidad, tenemos éxito.

Esta *resistencia* quiere que nos mantengamos desenfocados y superficiales; en otras palabras, quiere que estemos revisando las redes sociales 50 veces al día, atrapándonos en el drama de otras personas, viendo una cantidad interminable de televisión y juergas de Netflix en lugar de hacer el trabajo a fondo y aquellas actividades que sean significativas para nuestro corazón y nuestra alma que estamos *llamados* a realizar.

En su libro, *Libera tu Magia*, Elizabeth Gilbert, dice:

"El Universo esconde joyas increíbles en lo profundo de todos nosotros y luego retrocede para ver si podemos encontrarlas. La vida creativa consiste en la búsqueda para descubrir esas joyas. Lo que diferencia una existencia mundana de una más creativa es el curso para emprender esa búsqueda en primer lugar."

Simplemente debes saber que cuando reserves tiempo para tus páginas matutinas y tus citas con el artista (tu trabajo creativo), sucederá todo lo que pueda impedirte usar estas poderosas herramientas. No dejes que nada te lo impida.

La vida creativa es un camino para los valientes. Se necesita coraje, perseverancia, tener una práctica diaria y superar tus miedos.

Así que planifica tu cita con el artista y observa todo tipo de bloqueos. Levántate por encima de ellos.

Mantén sagrada tu cita con el artista y trátala como una cita con una persona muy importante, ¡y ese *VIP* es tu niño o niña artista interior! Si tienes que reprogramar, asegúrate de ponerlo en tu calendario o lo olvidarás por completo.

Las citas con el artista no tienen por qué ser salidas caras. Si tienes poco dinero, aquí tienes algunas ideas:

- Ve a un parque, lago o playa local.
- Ve a un lugar de alfarería y crea arte o simplemente observa a otros.
- Ve a un museo.
- Asiste a un evento de artistas.
- Ve a una tienda de cocina y explora.
- Haz una caminata con hermosos paisajes..
- Asiste a una noche de pintura.

Cualquier actividad que haga feliz a tu artista interior!

PASO DE ACCIÓN: Continua y programa tus dos primeras citas con el artista en tu calendario y observa cómo aparece la resistencia e intenta bloquearlas. ¡No se lo permitas!

El siguiente paso es la herramienta final: *la meditación*.

Meditación

Michael Singer, autor del exitoso libro *La Liberación del alma* dice: "Cuando contemplas la naturaleza del Ser, estás meditando, por eso la meditación es el estado más elevado. Es el regreso a la raíz de tu ser, la simple conciencia de ser consciente."

La meditación detiene el parloteo incesante en tu mente y te permite conectarte con tu verdadero yo. Todos tenemos esta "mente de mono" que nunca se detiene. Nos despertamos por la mañana y estos pensamientos se apoderan de nuestras mentes como pequeños monos saltando de árbol en árbol. La meditación ayuda al mono a quedarse quieto y escuchar.

La meditación es una herramienta muy poderosa. Puedes comenzar con unos minutos al día y aumentar gradualmente el tiempo. Yo empecé con dos minutos al día y ahora hago 20 minutos al día.

La maestra espiritual Pema Chodron, dice esto sobre la meditación:

"La meditación es un proceso de alivio, de confiar en la bondad básica de lo que tenemos y de quiénes somos, y de darnos cuenta de que cualquier sabiduría que existe, existe en lo que ya tenemos. Podemos llevar nuestra vida para estar más conscientes de quiénes somos y de lo que estamos haciendo en lugar de tratar de mejorar, cambiar o deshacernos de quiénes somos o de lo que estamos haciendo. La clave es despertar, estar más alerta, más inquisitivos y curiosos sobre nosotros mismos."

– Pema Chodron

La meditación ha cambiado mi vida, me ha quitado la ansiedad y me ha ayudado a conectarme con mi corazón y mi alma.

La meditación es una herramienta que te recomiendo mientras haces este trabajo profundo.

> **PASO DE ACCIÓN:** *Descarga una aplicación de meditación y comienza hoy con 2 a 5 minutos de meditación. Yo utilizo la aplicación llamada "Chime".*

Ahora es el momento de comenzar con las 23 preguntas que pueden cambiar tu vida por completo…

Capítulo 1: Odio

Pregunta: ¿Qué es lo que más odias hacer en tu trabajo o en tu vida? (Se específico)

A veces, cuando estamos perdidos y confundidos, no sabemos qué estamos buscando o qué es exactamente lo que queremos.

Descubrí que podemos obtener pistas comenzando con lo que *odiamos* o con aquello que no funciona.

Estas pistas pueden llevarte a aquello que quieres.

Por ejemplo, supongamos que tienes un trabajo como asistente legal (como yo tenía) y pasas el 80% de tu tiempo en el ordenador. Odias estar todo el tiempo frente al ordenador, por lo que escribes "Odio estar en el ordenador durante 8 horas al día."

Esta percepción te brinda la capacidad de cambiar las cosas en tu vida que te están agotando y también te impide repetirlas en el futuro. Conozco a muchas personas que cambian de trabajo sin tomarse el tiempo para descubrir por qué odiaban sus trabajos, solo para terminar repitiendo el patrón y odiando el próximo trabajo.

También puedes escribir sobre cosas que odias en tu vida personal.

- Odio ir al supermercado.
- Odio limpiar la casa.
- Odio ser voluntario en comités específicos.

No tengas miedo de ser radicalmente honesto contigo mismo. No puedes llegar a la verdad si no eres honesto; las palabras que estás escribiendo son sólo para ti.

Por ejemplo, criar a tres hijos como madre soltera, fue muy estresante para mi. Yo era una madre trabajadora y tenía muchas ganas de ir a mi trabajo en el bufete de abogados. Respeto a las madres que se quedan en casa, pero de ninguna forma yo hubiese podido hacerlo. Creo que me hubiera vuelto loca. Durante muchos años amé mi carrera profesional, además era el sustento para mi familia.

Así que sé completamente honesto sobre lo que *odias* en tu vida en este momento. No significa que tengas que renunciar a tu trabajo o divorciarte de tu cónyuge o vivir como un vago o comer todo el tiempo en restaurantes.

Estamos buscando pistas que te lleven hacia tu propósito. Piensa en estas preguntas como un medio para lograr un fin. Las preguntas te ayudarán a tener más claridad en tu vida.

El odio es una emoción fuerte, así que préstale atención.

Cuando comencé mi negocio en línea www.becomea6figurewoman.com en 2005, tenía una casa bastante grande y "odiaba" limpiarla. Recuerdo que le dije a mi mejor amiga que prefería averiguar cómo ganar más dinero y pagar una empresa de limpieza que limpiarla yo misma. Y eso es exactamente lo que hice.

Me volví creativa y comencé a vender cursos en línea desde mi sitio web y luego pude pagar a una empresa de limpieza para que se ocupara de la casa.

¿Qué *odias* en tu vida ahora mismo?

Notas

Capítulo 2: Juventud

*Pregunta: Cuando eras joven,
¿Qué es lo que siempre querías ...?*

¿Qué tipo de cosas te gustaban más de niño/niña?

¿Te encantaba estar al aire libre?

¿Eras una rata de biblioteca?

¿Te encantaba escribir? ¿Dibujar?

¿Te encantaba jugar a ser bombero o policía?

¿Jugaste a disfrazarte?

¿Te gustaba el maquillaje?

¿Te encantaba cocinar?

¿Te encantaba nadar, hacer senderismo o pescar?

¿Qué tipo de niño/niña eras?

Tu infancia a menudo contiene pistas sobre tus pasiones. Cuando comencé a reflexionar sobre mi infancia, recordé cuánto amaba escribir. También me encantaba estar al aire libre, andar en bicicleta, hacer obras de teatro en el vecindario, ir a la playa y me encantaba leer libros.

Ahora es el momento de recordar las cosas que amabas de tu niñez y entre las cuales encontrabas mucha felicidad y alegría haciéndolas.

Nuevamente, estas son pequeñas pistas que buscamos para que nos ayuden a recordar.

La razón por la que estás leyendo este libro es porque tienes un poco de amnesia acerca de tus pasiones y probablemente estés tomando la mayoría de tus decisiones basándote en la seguridad en lugar de en tu imaginación y alegría.

Así que juega un poco y vuelve a tu juventud y mira lo que puedes recordar.

Cuando era niña, me encantaba hacer obras de teatro del vecindario y entretener a la gente. Involucraba a mis tres hermanos y a mi mejor amiga que vivía al lado y nos divertíamos mucho. Incluso ganábamos dinero vendiendo boletos para nuestros eventos.

Sin embargo, de adolescente y adulta, era muy tímida y cohibida. Finalmente, me di cuenta de que mi timidez me estaba frenando en la vida. Quería volver a ser esa persona divertida y extrovertida como cuando era niña.

Entonces, me inscribí en *Toastmasters* y fui miembro durante muchos años. Incluso me convertí en presidente de mi club local y finalmente fui gobernador de área.

Entonces, descubrí *Speaking Circles®* que consistía en aprender a hablar desde el corazón y conectar con las personas a través de la presencia relacional.

Speaking Circles cambió mi vida y finalmente me convertí en facilitadora ayudando a otras personas que tenían dificultades para hablar y conectar.

Sin Speaking Circles, probablemente todavía sería una introvertida muy tímida. Ahora, felizmente doy charlas, doy talleres y me encanta trabajar con la gente.

Regresa a tu infancia y recuerda lo que amabas hacer y lo que te resultó tan natural.

Notas

Chapter 3: Orientación

Pregunta: ¿Qué personas acuden a ti en busca de consejos u orientación sobre algo?

La gente siempre viene a mí para:

- Asesoramiento legal porque fui asistente legal durante 17 años (a pesar de que ahora he estado fuera del campo legal durante casi 20 años)

- Asesoramiento para escribir libros y / o la publicación de libros desde que tengo mi negocio online www.bestsellingauthorprogram.com

- Orientarles sobre cómo iniciar un negocio en línea, conseguir seis cifras y encontrar su pasión y su propósito.

Me piden orientación sobre estos temas porque yo misma he hecho todas esas cosas.

Entonces, ¿ Sobre qué te pide a ti consejos la gente? ¿No sólo en los negocios, sino también a nivel personal?

También me piden a menudo consejos de cocina y decoración porque me encanta cocinar y decorar; es algo que me resulta natural y realmente disfruto de ello.

Piensa en las preguntas que te hacen las personas cuando necesitan ayuda u orientación. Esto te puede dar una pista de aquello en lo que otros te ven como experto y que tú quizás simplemente das por sentado.

Solía pensar que todo el mundo era un gran escritor hasta que enseñé escritura empresarial en el colegio comunitario y rápidamente me di cuenta de que a mucha gente le cuesta escribir y no le gusta.

La razón por la que damos por sentado nuestros dones es porque cuando algo nos llega de forma natural, no lo vemos como algo especial, sino que lo vemos como una parte ordinaria de quiénes somos.

Escribe al menos tres cosas sobre las que la gente te acude para pedirte consejo.

Notas

Notas

Capítulo 4: Tiempo

Pregunta: ¿Qué es aquello que te gusta tanto hacer que pierdes la noción del tiempo cuando lo haces?

Esta pregunta me encanta porque cambió toda mi vida. Encontré la pregunta en el extraordinario libro de Richard Bolles *How to find your Mission in Life* y tan pronto como la leí supe la respuesta: ¡Escribir!

De niña, de adolescente y de adulta me encantaba escribir. La única diferencia fue que lo que escribí cuando era adulta era del área legal en mi trabajo como asistente legal, pero aun así *me encantaba* esa parte del trabajo.

Escribir me resultaba natural y nunca pensé en ello hasta que leí esta pregunta; Recordé la sensación cuando era más joven de que mientras escribía el tiempo pasaba volando.

¿Cuándo se detiene el tiempo para ti cuando estás involucrado en algo que amas? Esto podría dar una gran pista de cuál es tu pasión, tu propósito.

También podemos tener más de una pasión. Amo la investigación casi tanto como amo escribir. También me encanta enseñar. No hay ninguna regla que indique que sólo puedes tener una pasión.

Creo que es milagroso cuando puedes convertir tus pasiones en un negocio rentable porque entonces te pueden pagar por disfrutar y ganas tu sueldo disfrutando en lugar de trabajando.

Cuando te pagan por hacer lo que amas, no parece un trabajo.

En mi negocio en línea, escribo, investigo y enseño mucho, así que estoy muy feliz de que me paguen por hacer lo que amo.

Es probable que tengas que volver a tu infancia para tratar de recordar ese sentimiento cuando el tiempo pasaba volando.

Responde la pregunta desde tus años de infancia y también cómo adulto.

¿Hay algo que hagas en tu vida actual donde el tiempo vuele?

Me encanta ver los programas de HGTV; especialmente aquellos donde las personas se trasladan a nuevos hogares y nuevos estados o países. A menudo, estas personas tenían carreras corporativas exitosas, pero faltaba esa alegría, propósito y satisfacción. Entonces, dieron un salto y cambiaron todo, incluido lo que hacían para ganarse la vida..

Me he dado cuenta de que la mayoría de las personas que abandonan sus carreras corporativas eligen nuevas carreras creativas o comienzan su propio negocio en un campo creativo.

¿Qué es aquello que más te gusta hacer donde pierdes el sentido del tiempo? Tal vez sea algo tan simple como hacer *pasteles*.

Notas

Capítulo 5: Adivina

¿Si tuvieras que adivinar cuál es tu pasión, dirías que es...?

Cuando Billy Ray Cyrus *(el padre de Miley)* me preguntó cuáles eran mis sueños, mi respuesta en ese momento fue "No tengo ningún sueño. Mi vida consiste en sobrevivir."

A veces, simplemente tenemos amnesia cuando se trata de nuestros sueños y pasiones.

En mi libro, *Quit Your Job and Follow your Dreams*, hablo de las cuatro diferencias entre un trabajo, una carrera, tu vocación y un pasatiempos que leí en una publicación del blog de Elizabeth Gilbert. Estas diferencias se detallan a continuación:

Trabajo – Es innegable que necesitas un trabajo para pagar tus facturas y no tienes porque estar enamorado de tu trabajo. Es un medio para lograr un fin. El dinero es lo que todos necesitamos para sobrevivir en este mundo y un trabajo paga las facturas. Si detestas tu trabajo, consigue uno nuevo, pero un trabajo es vital. Simplemente toda tu vida no sea solo el trabajo.

Carrera – Una carrera es diferente a un trabajo y es algo que se construye con el tiempo con pasión, energía y compromiso. Las carreras son grandes inversiones y requieren estrategia, esfuerzo y ambición. No todo el mundo tiene una carrera o la tendrá y eso está bien. Una carrera es una elección.

Vocación – La vocación proviene del verbo latino "vocare" que significa "llamar". Tu vocación es literalmente tu llamada. Es una invitación del Universo y se muestra como tu alma llamándote. No necesitas ganar dinero de tu llamada, aunque algunas personas lo hacen.

Pasatiempos – Algo que haces en tu tiempo libre por placer, relajación, distracción o curiosidad. Los pasatiempos cambian y tu actitud hacia ellos es relajada y divertida. Los pasatiempos son un maravilloso recordatorio de que no somos sólo esclavos de la máquina capitalista o de nuestras propias ambiciones. No necesitas un pasatiempo, pero seguro que es bueno tener uno. No necesitas ganar dinero con tu pasatiempo, aunque algunas personas sí lo hacen.

Espero que haber leído estas cuatro diferencias te ayude a pensar en tus pasiones en un contexto diferente. Veo gente mezclando estos conceptos todo el tiempo. Convirtiendo pasatiempos en trabajos o dejando trabajos de los que no están enamorados, pero esos pagan las facturas o sintiéndose mal porque no tienen una carrera.

Todos somos únicos y, por lo tanto, estas cuatro distinciones son únicas para cada uno de nosotros.

Mientras reflexiones sobre lo que crees que son tus pasiones, piensa en lo que le da vida a tu alma.

Tus pasiones y tu propósito se insinúan a través de tus talentos, tus gustos, tu entusiasmo y tus curiosidades.

Notas

Capítulo 6: Verdad

***¿Qué es lo que realmente quieres,
pero no crees que puedas tener jamás?***

¿Hay algo que realmente, realmente quieras tener en tu vida pero no crees que puedas tenerlo?

Realmente quiero una casa al lado del agua. En este momento no tengo una casa al lado del agua, pero tengo una hermosa casa enfrente del lago con hermosas vistas del agua. De hecho, puedo ver el agua desde la ventana de mi dormitorio mientras estoy sentada en mi escritorio mientras escribo este capítulo.

La razón por la que no tengo mi casa en primera línea del agua es porque la diferencia de precio entre estas dos casas es sustancial. A veces me pregunto si alguna vez tendré la casa de mis sueños al lado del agua.

¿Hay algo que realmente deseas en tu vida, una relación, una posesión material, un trabajo, comenzar tu propio negocio o tal vez sea algo emocional, como menos ansiedad y más paz?

Escribe todo lo que se te ocurra. Nadie te está juzgando. Estas respuestas son sólo para ti.

Sé honesto contigo mismo sobre lo que quieres…

Por ejemplo, conozco a muchas mujeres independientes que no quieren admitir que les encantaría tener una relación íntima y comprometida con un hombre, pero parecen estar en conflicto debido a su libertad e independencia; sienten que podrían tener que renunciar a algo de esa libertad para tener una relación.

Tal vez quieras tener más tiempo libre en tu vida para soñar despierto, viajar o escribir. Sea lo que sea, tienes derecho a querer esas cosas.

Debes ser radicalmente honesto acerca de tus deseos si alguna vez quieres lograrlos.

Descubrí que otro obstáculo que nos impide querer cosas es que no queremos superar el lugar donde están nuestra familia y amigos. Nos sentimos mal por hacer las cosas mejor que las personas cercanas a nosotros.

Es hora de darle la vuelta a esa manera de pensar equivocada y ver el éxito (como sea que lo definamos) como una forma de ayudar a nuestras familias y amigos. También podemos ser un modelo a seguir y una inspiración para los demás.

Sí, algunas personas pueden estar celosas, pero los celos generalmente provienen de la envidia. Estas personas realmente envidian lo que tienes porque lo quieren para ellos mismos, por lo que resulta negativo como estar celoso.

No te lo tomes como algo personal y no dejes que te impida perseguir lo que realmente quieres en la vida.

Notas

Capítulo 7: Libertad

*¿Qué es aquello que haces
que te da sensación de libertad?*

La libertad lo es todo para mí. Cuando estaba atrapada en mi trabajo corporativo, lo que más ansiaba era libertad: libertad de tiempo y dinero.

Quería controlar mi tiempo, especialmente porque era una madre soltera y tenía tres hijos pequeños. Fue horrible tener que perderme eventos y actividades especiales con ellos, así como tener que luchar con la opción de quedarme en casa con un niño enfermo o ir a trabajar para que no me despidieran.

Creo que en el fondo todos tenemos un deseo de libertad; sin embargo, muchos de nosotros caemos en la trampa de cambiar nuestro tiempo por cosas materiales y luego nos quedamos atrapados en ese estilo de vida caro con muchas deudas.

Cuando dejé mi trabajo corporativo, tomé la decisión de que nunca más volvería a cambiar mi libertad por dinero. Me complace decir que he estado fuera del mundo corporativo durante casi 20 años y *la libertad* es el factor determinante de mi vida.

No tengo el 100% de libertad porque dirijo un negocio en línea y tengo responsabilidades y debo rendir cuentas en mi negocio, pero soy libre de elegir qué hago en mi negocio, qué horas trabajo, con quién trabajo y cuánto dinero hago ... ¡y eso no tiene precio!

Entonces, ¿cuándo sientes libertad en tu vida? ¿Es cuando estás involucrado en una determinada actividad o tal vez cuando estás de vacaciones o cuando no estás apegado a la tecnología?

Tómate un tiempo para reflexionar sobre lo que significa la *libertad* para ti y mira hacia atrás y observa en qué momentos de tu vida te has sentido libre.

Mirando hacia atrás en mi vida, he tenido dos tipos de trabajos:

1. Trabajos que agotaban mi energía.

2. Trabajos de libertad.

Un trabajo que te agota la energía es aquel que consume tu tiempo y energía, de modo que al final del día no te queda nada para perseguir tus pasiones y curiosidades.

Si vas a tener un trabajo que pague las cuentas y te dé libertad para perseguir tus pasiones, vas a querer un trabajo de libertad.

Pasar de un trabajo que agota tu energía a un trabajo de libertad es un paso en la dirección correcta siempre que puedas arreglar la parte financiera.

Yo pasé de un trabajo de asistente legal de tiempo completo a un trabajo de medio tiempo en un bufete de abogados (trabajando tres noches a la semana de 5:30 p.m. a 12:30 a.m.) y eso me dio la libertad de perseguir mis pasiones y mi propósito. Hice eso durante cinco años. Luego, encontré otro trabajo de libertad que era un trabajo de ventas externas en el que trabajaba de 20 a 25 horas a la semana y ganaba seis cifras.

Cada paso que des en tu vida debería ser hacia una mayor libertad, no menos.

Notas

Capítulo 8: Fracaso

Si tuvieses la seguridad de que no vas a fracasar, ¿Que harías ...?

El fracaso es la forma de aprender. Si tenemos miedo de fallar, entonces tenemos miedo de aprender.

Si supieras que no puedes fallar, ¿qué estarías haciendo? Sé completamente honesto contigo mismo.

No podemos permitir que este miedo al fracaso nos impida seguir nuestras pasiones y sueños. Tenemos que hacer las cosas a pesar de esos miedos.

Toda persona exitosa tiene estos miedos, simplemente no permitas que estos miedos te impidan alcanzar tus sueños y metas.

Estas tomando una decisión todos los días cuando decides no tomar medidas para alcanzar tus metas y sueños..

No puedo decirte cuántos años luché con el síndrome del impostor en cuanto a iniciar un negocio en línea porque no tenía ninguna "credencial". Finalmente lo superé, pero perdí mucho tiempo buscando aprobación, validación y elogio en lugar de hacer simplemente lo que amaba y aprender de mis fracasos.

Eso es lo que estamos haciendo todos. No hay excepciones. No dejes que el mundo filtrado de las redes sociales manche tu visión de las personas exitosas. Todos tienen miedos y los afrontan a su manera para poder alcanzar sus metas y sueños.

Si tienes un miedo intenso al fracaso, perderás mucho tiempo y dinero buscando validación y aprobación externas en lugar de *hacer el trabajo*.

Hace años, leí un fantástico libro de Susan Jeffers llamado *Aunque tenga miedo, hágalo igual*. Creo que con la edad, menos me preocupan estos miedos al fracaso. Sé que el fracaso es inevitable y nos enseña lo qué funciona y lo qué no.

Muchas personas quieren iniciar un negocio en línea, pero hasta que no te pongas a prueba, no tendrás idea del proceso. Es como escribir un libro, puedes tener una gran idea y probar títulos y portadas, pero hasta que no lo escribas y lo publiques en el mercado, no sabrás si la gente lo quiere o no. Les digo a mis clientes en mi programa de "Como ser un autor de éxito", que publicaremos un libro de alta calidad con una base sólida, pero al final, es el mercado el que decide lo que le gusta.

Y ¿Sabes qué?

El mercado es voluble y cambia constantemente. Entonces, si vas a escribir un libro o comenzar un negocio, te sugiero que lo hagas rápido.

Otro gran libro que recomiendo es *7-Day Start Up: You Don't Learn Until You Launch* de Dan Norris. Cambiará toda tu perspectiva de la inacción a la acción rápida.

Así que, si supieras que no puedes fallar, ¿qué estarías haciendo?

Notas

Notas

Capítulo 9: Éxito

Si estuviera garantizado que vas a tener un éxito impresionante, ¿Qué serías o harías ...?

Primero, ¿Cómo definirías el éxito impresionante para ti?

Una persona podría decir: "Un éxito impresionante significaría que mi casa está pagada, no tengo deudas y puedo vivir plenamente con el dinero de mi jubilación".

Otra persona podría decir: "Estoy viviendo en mi mansión al lado del agua con mi hermoso barco y tres motos de agua. También tengo muchos ingresos pasivos de mis libros y cursos que pagan todos mis gastos de vida".

Escribe que significa el éxito impresionante para ti. ¿Cómo es? Porque, si está garantizado, puedes soñar más grande que nunca. A veces, nuestro miedo a no lograr nuestros sueños nos hace encogerlos o a no ser honestos con nosotros mismos sobre lo que realmente deseamos.

Siempre he querido una casa al lado del agua. Actualmente vivo al otro lado de la calle del agua, así que me estoy acercando. No es todo mi sueño, pero es parte de mi sueño. Como escritora, el agua saca a relucir mi creatividad y me siento muy tranquila al estar cerca del agua.

Hace años, vi una entrevista en un programa de entrevistas matutino con William Haley, el hijo de Alex Haley, el famoso escritor y creador del exitoso libro y de la miniserie Raíces.

El libro de Alex Haley, Raíces, vendió más de un millón de copias en el primer año, y la miniserie fue vista por unos impresionantes 130 millones de personas. También ganó el Premio Pulitzer y el Premio Nacional del Libro.

William le estaba explicando al reportero que su padre dijo que escribía mejor cuando estaba cerca del agua. A menudo se subía a bordo de un barco de carga y hacía largos viajes para escribir.

Alex Haley dijo: "Creo que es por eso que me encanta salir al océano. Y me doy cuenta de que si estás realmente ahí fuera, te encuentras pensando de una manera en que no habías pensado antes".

Ver esa entrevista hizo que me diese cuenta de lo importante que es para mí estar cerca del agua; es mágico, milagroso, misterioso y pone de manifiesto un nivel de creatividad que simplemente no puedo encontrar sentado frente a mi computadora bajo luces artificiales. Encuentro que estar cerca del océano también me ayuda a descubrir respuestas a mis preguntas más profundas.

Por lo tanto, sueña en grande y escribe todos los detalles de cómo será el éxito masivo para ti sabiendo que está garantizado.

Notas

Notas

Capítulo 10: Futuro

***¿Qué le diría tu "yo futuro", dentro de 10 años,
a tu "yo actual" que haga?***

Primero, piensa en lo que tu "yo actual" le diría al "yo pasado" hace 10 años. Ha aprendido mucho en los últimos 10 años. ¿Qué palabras de sabiduría puedes compartir con él o ella?

Yo contaría a mi "yo pasado":

- No necesitas la aprobación externa de los demás, simplemente sigue tu corazón y confía en tu intuición.

- Deja de intentar hacer todo por tu cuenta en tu negocio; subcontrata especialistas en lo que necesitas para tu negocio y suelta las riendas.

- No tengas miedo de contratar a un *coach* empresarial, ya que puede cambiar todo tu negocio y aumentará tus ganancias de manera exponencial.

- Ten una rutina matutina para empezar el día de forma consciente, pacífica e intencionada.

- Aprende a decir "no" y establece límites y tendrás menos drama y malentendidos en tu vida.

- Crea más ingresos pasivos.

Piensa en todas las áreas de tu vida. ¿Dónde estás luchando? ¿Cómo quieres que sea tu vida en diez años?

Un objetivo que tengo es generar seis cifras en ingresos "pasivos" de las regalías de mis libros. Para hacer eso, tendré que hacer algunos cambios en mi horario, no aceptar tantos clientes y ahorrar más dinero.

Hay investigaciones que dicen que una meta escrita tiene un 33% más de probabilidades de completarse. Hay poder en la palabra escrita.

Pensamos miles de pensamientos todos los días, pero cuando, consciente e intencionalmente, elegimos concentrarnos en unos pocos, nuestra vida cambia.

Piensa en tu "yo pasado" de hace 10 años, en tu "yo actual" y ahora tu "yo futuro" dentro de 10 años.

¿Cuántos años tendrás? ¿Dónde quieres vivir? ¿En qué actividades diarias te gustaría participar? ¿Con quién quieres pasar el tiempo? ¿Cómo quieres ganar dinero?

Por supuesto, queremos algo de espontaneidad en nuestras vidas, pero también queremos establecer intenciones o, de lo contrario, terminamos viviendo una vida predeterminada y, antes de que te des cuenta, tu vida habrá pasado volando.

Dicen que los días son largos pero los años pasan rápido.

Notas

Notas

Capítulo 11: Ira

*¿Qué es lo que te enfada y enciende
tanto que tecarga mucho?*

Hay sabiduría en nuestra ira. Está aquí para contarnos algo sobre nosotros. Contiene mensajes ocultos.

Si estamos enojados porque nos devuelven un recibo, entonces el enojo está ahí para decirte que tal vez llegar al final de mes siempre justito no está funcionando y algo debe cambiar.

Si estamos enojados con un cliente que está siendo irrespetuoso o se está aprovechando de nosotros, entonces tal vez el mensaje es que necesitas tener límites más claros o tener un contrato firmado con los clientes para establecer las expectativas.

Si estamos enojados por la violencia doméstica, tal vez debamos involucrarnos para ser parte de la solución y convertirnos en defensores o voluntarios.

Por lo general, cuando me enojo, es porque he dejado que las cosas se demoren demasiado tiempo y han comenzado a acumularse hasta que finalmente tengo que liberar algo de esa ira que he estado reprimiendo.

Harriet Lerner, autora de *La Danza de la Ira*, dice: "La ira es una señal y vale la pena escucharla".

La ira tiene un mensaje oculto para ti. Escúchalo.

¿Por qué estás enojado? Se honesto. Aunque se trate de algo que no puedes cambiar en este momento, anótalo.

David R. Hawkins, M.D., Ph.D., en su libro *El Poder frente a la Fuerza*, dice que la ira proviene de un "deseo frustrado".

También dice que "la ira puede conducir a una acción constructiva o destructiva"

Por lo tanto, la ira puede conducir a una acción constructiva, pero si la dejas, la ira también puede generar beligerancia, discusiones, irritabilidad, explosividad e incluso rabia.

Escucha a tu ira y mira qué cambios necesitas hacer debido a ella.

Cuando estaba enojada por tener que ir a mi trabajo de 9 a 5 en el bufete de abogados y dejar a mis hijos, mi enojo me decía que había otro camino para mí.

La ira puede ser tu amiga si la escuchas.

Notas

Notas

Capítulo 12: Contribución

¿Qué es lo que te gustaría cambiar o aportar al mundo?

Todos tenemos la capacidad de aportar algo al mundo para mejorarlo.

No tiene que ser a gran escala o grandioso, sólo alguna forma en la que deseas contribuir con tu tiempo, tu energía, tu conocimiento y tu experiencia para mejorar el mundo.

Para mí, escribir libros es la forma en que contribuyo al mundo. Los cambios más poderosos han ocurrido en mi vida como resultado de los libros, así que conozco el poder de un gran libro; una frase de un libro puede cambiar la vida de alguien.

En el libro *Who Do We Choose to Be: Facing Reality, Claiming Leadership, Restoring Sanity*, escrito por Margaret J. Wheatley, ella hace la pregunta:

"Si no está creando un cambio a gran escala ... entonces, ¿qué significa marcar la diferencia?"

Su respuesta...

"Concéntrate en servir a los demás. Sirve a individuos, sirve a grupos pequeños; sirve a toda una comunidad u organización. No importa lo que esté sucediendo a nuestro alrededor, podemos atender a las personas que están frente a nosotros, a los problemas que enfrentamos y allí, ofrecemos lo que podemos. Podemos ofrecer comprensión y compasión. Podemos estar presentes. Podemos mantenernos concentrados y no huir. Podemos ser ejemplos de las mejores cualidades humanas. Esa es una vida bien vivida, incluso si no salvamos al mundo".

Los humanos no pueden vivir sin sentido.

Hacer una contribución siendo útil a los demás nos da significado y propósito.

Piensa en las personas en tu vida que han estado ahí para ti como base y apoyo; todos nos apoyamos en los hombros de los demás.

En algún momento, debemos ser esos hombros para otros y ahí es donde entran el servicio y la contribución.

Notas

Notas

Capítulo 13: Práctica

*Si tuvieras tiempo de practicar más,
¿En qué serías realmente bueno ?*

En mi último año de secundaria (alrededor de 1981), tomé una clase de mecanografía. Al principio, odiaba escribir y realmente no veía el valor de aprender esta habilidad, pero me alegro de haber continuado con ella.

Tuvimos que memorizar la ubicación de las teclas y poder escribir con un trozo de papel de copia pegado con cinta adhesiva sobre nuestras manos que nos impidiera ver las teclas.

Me tomó mucha práctica pero pasé de mirar las teclas que pulsaba, a memorizar todas las teclas para luego escribir unas 40 palabras por minuto cuando me gradué en esa clase.

Después de graduarme, cuando estaba en la universidad escribía documentos y luego cuando trabajé como asistente legal y secretaria escribí mucho legal durante muchos años. Cuanto más usaba esta habilidad, mejor y más rápida me volvía. De repente, estaba escribiendo 100 palabras por minuto.

¿En qué podrías sobresalir si practicaras?

La gente piensa que los grandes escritores o los grandes artistas simplemente nacen; lo que no ven es la gran cantidad de horas de práctica que dedican a desarrollar sus habilidades.

Muchos escritores famosos son realmente malos escritores al principio. Se convirtieron en grandes escritores porque continuaron escribiendo y fueron mejorando gradualmente. Ese es el arte de la práctica.

Recuerdo haber leído una historia sobre un escritor que estuvo trabajando en un manuscrito durante más de un año. El escritor llegó a la página 200 y se dio cuenta de que ahí era donde comenzaba la historia; por lo que esas primeras 200 páginas terminaron en la basura.

¿Te imaginas tirar 200 páginas de un manuscrito? Como escritor, sé lo doloroso que sería, pero esas 200 páginas eran esencialmente su *práctica*.

La práctica requiere concentración y atención.

En el libro de *Cal Newport, Deep Work: Rules for Focused Success in a Distracted World*, dice: "Para aprender cosas difíciles rápidamente, debes concentrarte intensamente sin distracciones. Aprender, en otras palabras, es un acto de trabajo profundo ."

Vivimos en un mundo lleno de distracciones y en nuestros tiempos , la capacidad de concentrarnos intensamente es cada vez más difícil con tantas exigencias. Imagina por un momento que pudieses tomarte un descanso de todas las distracciones - televisión, redes sociales, mensajes de texto, tu teléfono, tu trabajo - y podrías practicar una cosa ... ¿cuál sería?

No hay respuesta correcta o incorrecta.

Notas

Notas

Capítulo 14: *Flow (Fluir)*

Cuando estás en un estado de fluir (flow), ¿Estás ...?

Mihaly Csikszenthihalyi, un conocido psicólogo, una vez dijo:

""Los mejores momentos suelen ocurrir cuando el cuerpo o la mente de una persona se estiran al límite en un esfuerzo voluntario por lograr algo difícil y valioso".

Csikszenthihalyi llama a este estado mental *fluir* (que también fue un libro que escribió en 1990 con el mismo título).

A veces pensamos que el *fluir* es una relajación tan completa como estar sentado en una hamaca, pero la investigación de Csikszenthihalyi reveló que los seres humanos están en su mejor momento cuando están **profundamente inmersos en algo desafiante**.

Entonces, piensa en un momento en el que estuviste profundamente inmerso en algo desafiante y sentías que estabas en ese estado de *fluir*.

¿Que estabas haciendo?

Para mí, el estado de *fluir* ocurre cuando estoy trabajando en un libro. Es un desafío y es algo que me preocupa profundamente. También pierdo el sentido del tiempo cuando lo hago.

Bono dijo una vez: "Las cosas buenas les llegan a aquellos que trabajan duro y nunca se rinden".

Creo que es cierto. No nacimos para sentarnos a beber daiquiris en la playa todo el día. Aunque tener tiempo de inactividad es muy importante para una vida creativa nuestras mentes requieren y también prosperan en un trabajo desafiante y profundo.

Fluir consiste en llevar la mente al límite, concentrarse y perderse en una actividad.

¿Puedes pensar en algún momento en el que sentiste las tres cosas? ¿Que estabas haciendo? ¿Cuánto tiempo estuviste haciéndolo? ¿Cuáles fueron los resultados?

Notas

Notas

Capítulo 15: Intereses

Tienes muchos intereses y cosas que disfrutas, pero si tuvieras que elegir sólo una de esas cosas para dedicarle el tiempo ahora, ¿Cuál elegirías...?

En su libro número uno en ventas del Wall Street Journal, *Lo único* Gary Keller, fundador de Keller Williams Realty, Inc., escribió:

"Ir a lo pequeño es ignorar todas las cosas que *podrías* hacer y hacer lo que *tienes que* hacer. Es reconocer que no todas las cosas importan por igual y encontrar las que más importan. Es una forma más estricta de conectar lo que haces con lo que quieres. Es darse cuenta de que los resultados extraordinarios están directamente determinados por la manera en que más limitas tu enfoque en una cosa".

No tenemos escasez de opciones sobre cómo podemos gastar nuestro valioso tiempo. De hecho, tener demasiadas opciones puede provocar fatiga en las decisiones o no tomar ninguna decisión porque te sientes abrumado con demasiadas opciones.

Entonces, ¿cómo decidimos esta *una cosa* cuando tenemos tantas opciones para elegir?

En lugar de preguntarte: "¿A qué tengo que renunciar?" pregúntate: "¿En qué quiero hacer algo grande?"

Este pequeño cambio en tu forma de pensar puede tener un efecto profundo en tu vida.

Otra forma de tomar decisiones es explorar y evaluar un **amplio conjunto de opciones** *antes* de comprometerse con alguna. De esta manera, te estás dando tiempo para jugar, pensar, cuestionar, escuchar, probar y debatir, y la presión se minimiza. Una vez que te hayas dado el regalo de explorar, podrás decidir en qué quieres "ir a lo grande".

Piensa en algunos de los intereses que tienes ahora o en el pasado que hayas explorado. Si sólo pudieras elegir uno "para ahora mismo" (no para siempre), ¿en cuál irías a lo grande?

Una de las premisas centrales de *Lo Único* es: **puedo hacer cualquier cosa, pero no todo.**

Como escribió la poeta Mary Oliver: "Dime, ¿qué planeas hacer con tu única y preciosa vida?"

Notas

Notas

Capítulo 16: Miedos

¿Cuál es tu mayor miedo sobre tener éxito y vivir una vida apasionada ?

Hace años, asistí a un evento de 3 días con el autor T. Harv Eker, quien escribió el libro *bestseller* Secretos de la Mente Millonaria.

Durante ese taller, hicimos un ejercicio para ver qué miedos nos impedían vivir la vida de nuestros sueños y resultó que mi mayor miedo no era el miedo al fracaso, sino el miedo al éxito.

¿Parece una locura, verdad?

¿Por qué tendría miedo al éxito?

Los miedos no siempre son lógicos y provienen principalmente de nuestras emociones. Dado que siempre quería que todo el mundo me quisiera, pensé que a la gente no le agradaría si tuviese mucho éxito y ganase más dinero que ellos.

Por supuesto, cambié mi forma de pensar y ahora miro todas las formas en que puedo inspirar a otros a vivir sus sueños, y también cómo estoy en condiciones de ayudar a mi familia y amigos porque tengo libertad financiera. Ya no vivo de sueldo en sueldo (que era como vivía en el momento del taller).

Entonces, ¿cuál es tu mayor miedo sobre tener éxito y vivir una vida apasionada?

Cuando comencé www.becomea6figurewoman.com en 2005, acababa de comenzar a ganar seis cifras en 2004. Pasé de trabajar en un trabajo corporativo de 9 a 5 en el campo legal a vender jacuzzis. ¡Literalmente dupliqué mis ingresos y mi tiempo libre! La vida era buena.

Cuando estaba investigando para mi sitio web, noté que muchas mujeres dijeron que sólo querían ganar "lo suficiente para pagar las facturas" y no querían ganar seis cifras porque no querían trabajar más de 60 horas a la semana y renunciar al tiempo con sus familiares y amigos. Asumían que sólo podrías ganar seis cifras si trabajabas muchas horas ... lo cual no es cierto, ya que soy una prueba viviente de eso. Todavía trabajo unas cuatro horas al día, cuatro días a la semana y gano seis cifras.

Se trata de diseñar la vida que deseas. Sin embargo, también tenemos miedos subconscientes que nos bloquean y hacen que nos saboteemos en el proceso de perseguir nuestros sueños.

Pia Mellody, autora de muchos libros sobre codependencia, dijo una vez: "¡Si no enfrentas tus miedos, te morderán en el trasero!"

Es verdad. Tus miedos bloquearán tu éxito, por lo que debes identificarlos y enfrentarlos de cara y luego pasar a la acción de todos modos.

La mayoría de los miedos no son reales y el simple hecho de saber cuáles son te coloca en una posición de poder. Por lo tanto, sé radicalmente honesto y haz una lista de tus miedos. ¡Entonces siente el miedo y hazlo de todos modos!

Notas

Capítulo 17: Menos

*¿Qué es aquello de lo qué quieres
tener menos en tu vida?*

Cheryl Richardson, Life Coach y autora de *Stand Up For Your Life*, dijo: "Una vida de alta calidad tiene más que ver con lo que le *quitas* que con lo que le *agregas*".

Esa frase siempre se me ha quedado grabada.

Muchos de nosotros nos vemos atrapados en la rueda del hámster de perseguir más, más, más. Pero hay un precio que pagar por tener más, más, más.

Hace años, tenía una casa de un millón de dólares con una hipoteca de un millón de dólares. Por supuesto, tenía un buen ingreso de 6 cifras para pagarlo todo y un prometido que pagaba la mitad en ese momento, pero cuando el mercado de la vivienda colapsó, el valor de mi casa de un millón de dólares se redujo a casi la mitad.

Mis ingresos por ventas en ese momento (2008) también disminuyeron ya que el producto que estaba vendiendo era un producto de lujo (jacuzzis) que la gente realmente no necesitaba.

Entonces, en un instante, mi vida cambió y como resultado de ello tuve que hacer grandes cambios. Vendí la casa de un millón de dólares y me mudé a una casa más pequeña. ¡Estoy mucho más feliz ahora porque cuanto menos tengo que pagar, más puedo jugar!

Entonces, ¿de qué quieres menos en tu vida? Se específico.

Si dices que quieres menos estrés, eso es muy general. Se más específico, como, "Quiero menos estrés en mi trabajo" o "Quiero menos estrés en mi relación con _____". A menudo, lo de lo que queremos menos puede darnos pistas sobre los cambios que debemos realizar en nuestras vidas.

Tal vez siempre estás diciendo que sí a todo y, por eso, tu agenda está llena y te abruma. Por lo tanto, necesitas menos compromisos y la acción que debes tomar es aprender a decir que no.

En este momento, si estuviera respondiendo a esta pregunta, diría que querría menos problemas de espalda y cuello. También sé que cuando hago constantemente mi DVD de yoga para el cuidado de la espalda de 20 minutos y mis caminatas de 3 millas, reduzco mis problemas de espalda y cuello. Entonces, esa es una pista que me permite saber que necesito ser más consistente con mi rutina y también estar menos tiempo sentada frente a la computadora.

Compré un nuevo escritorio de pie hace un par de años, así que eso también ayuda. Esta es una gran pregunta que debes hacerte regularmente porque a veces simplemente estamos viviendo nuestras vidas en piloto automático.

Sigue eliminando las cosas que no quieres y tendrás una vida de gran calidad.

Notas

Capítulo 18: Millones

Si tuvieras 10 millones de dólares en el banco, ¿que harías...?

Esta es una gran pregunta. Al principio, podrías pensar: "Dejaría mi trabajo, viajaría a una isla tropical y tomaría margaritas en la playa y me relajaría todo el día."

Suena genial, pero puedo prometerte que al poco tiempo te aburrirías. Como mencioné en el capítulo sobre *fluir*, nuestras mentes fueron creadas para ser estiradas y retadas.

No estoy diciendo que no dejarías tu trabajo, pero querrías involucrarte en algo que realmente te importase; aunque no te pagasen por ello.

Este es un ejercicio para el uso de la imaginación. El dinero puede cambiar y de hecho lo cambia todo.

Debido a mi negocio en línea, puedo ahorrar un porcentaje de lo que gano cada año (que resulta ser el equivalente a todo mi salario anual cuando trabajaba como asistente legal en el mundo corporativo).

Tener este dinero en el banco me da más libertad y opciones. También me ayudó con uno de mis objetivos, que era escribir más libros y aceptar menos clientes para mi programa de *"autor más vendido."*

El dinero que ahorro no se acerca a los $ 10 millones de dólares, pero tener seis cifras en el banco me brinda muchas más opciones sobre mi negocio, mi vida y dónde elijo pasar mi tiempo.

Además de comprar cosas materiales como una casa, un coche nuevo, muebles nuevos y hacer algunos viajes, una vez hecho todo eso, ¿qué harías con tu tiempo?

Esto te da una pista de tus pasiones, de tu propósito. Hay algunas cosas que hacemos en la vida por pagar la hipoteca y otras son sólo por placer o satisfacción. Por ejemplo, supongamos que te gustaría participar en una organización sin fines de lucro y ser voluntario. Eso es algo que podrías hacer ahora mismo y que te brindaría una gran realización y satisfacción en tu vida.

Estamos aquí para servir a los demás. Por supuesto, cuando vivimos en modo de supervivencia, es difícil hacerlo, pero una vez que podamos hacer que nuestras finanzas funcionen para nosotros, entonces podemos ver cómo podemos ser útiles a los demás.

Después de dejar el campo legal, quise involucrarme en ayudar a las mujeres que estaban luchando con problemas de violencia doméstica y pude ser voluntaria para una organización sin fines de lucro llamada *House of Ruth* que brindaba servicios legales para personas que enfrentan violencia doméstica. Esto me dio un alto nivel de satisfacción porque estaba usando mis conocimientos legales para ayudar a otros.

Tal vez deseas iniciar tu propio negocio. Mucha gente tiene ese sueño, pero los obstáculos suelen ser la falta de tiempo y / o la falta de dinero.

Sueña en grande.

¿Qué tipo de negocio te gustaría iniciar? Da detalles sobre lo que harías con 10 millones de dólares.

Notas

Capítulo 19: Otros

***Si no te importara lo que piensen los demás
o cómo les pueda afectar, ¿Que harías?***

¿Hay algo que no estés haciendo por lo que otros puedan pensar? O tal vez estás haciendo muchas cosas por obligación y, por lo tanto, si dejas de hacerlas, afectarían negativamente a los demás.

Tengo un alto nivel de la "enfermedad de complacer" y tiendo a hacer por los demás lo que ellos pueden hacer por sí mismos. Lo he hecho con mis hijos y en las relaciones, pero al final del día, me deja exhausta, resentida e infeliz. Mi "haciendo demasiado" significa que estoy anteponiendo la felicidad y las necesidades de los demás a las mías.

Algunas personas dicen que debes ser más egoísta. Incluso vi a una mujer en un programa de entrevistas que llevaba un collar que ponía "Egoísta".

No se trata tanto de ser "egoísta", sino de preocuparte lo suficiente por ti como para poner tus necesidades, deseos, energía, tiempo, dinero y sueños arriba en la lista.

Un libro que leí que me ayudó a hacer ésto fue *Límites: Cuando decir Sí, cuando decir No. Tome el control de su vida* del Dr. Henry Cloud y el Dr. John Townsend. En ese libro los autores dijeron:

"Las personas con problemas de límites suelen tener actitudes distorsionadas sobre la responsabilidad. Sienten que responsabilizar a las personas por sus propios sentimientos, elecciones y comportamientos es mezquino."

Sé que me sentí así. No quería decepcionar a la gente y quería ayudar, pero mis acciones daban excusas a otros a no ser responsable. También dicen que un límite te muestra dónde terminas y comienza alguien más.

Entonces, ¿tienes límites claros con los demás?

De lo contrario, es posible que no estés tomando el camino hacia tus sueños debido a responsabilidades distorsionadas y la enfermedad de complacer a los demás.

Es difícil imaginar que no me importe lo que piensen los demás, pero cuanto mayor me hago, menos parece importarme. Hago lo que me hace feliz siempre que no perjudique a los demás.

Imagínate haciendo lo que realmente quieres hacer - sin preguntarte qué piensan los demás o cómo podría afectarlos.

¿Qué estarías haciendo ahora mismo?

Notas

Notas

Capítulo 20: Obstáculos

¿Cuáles son las tres formas en que creas obstáculos en tu vida y por qué?

Hay un dicho antiguo: "El camino es liso. ¿Por qué arrojas piedras ante ti?"

Estoy segura de que puedes identificarte con esto. Igual que yo.

¿Por qué lanzamos rocas al camino que hay delante de nosotros?

El autosabotaje es algo real que hacemos cuando tenemos miedo o no nos sentimos merecedores de algo o estamos estancados y no podemos actuar.

Todos nos hemos saboteado a nosotros mismos, así que no te sientas mal por ello. La observación sin condenación es un gran punto de vista a seguir.

Piensa en tres formas en que has creado obstáculos en tu vida y luego escribe por qué crees que lo has hecho.

Durante muchos años, viví de mes en mes sin ahorros y culpé a todos los demás por mis problemas de dinero. Entonces, un día, escuché a uno de mis mentores decir: "Asume el 100% de la responsabilidad de todo en tu vida". Y cuando asumí el 100% de la responsabilidad, me di cuenta de que tenía el poder de cambiar mi situación financiera. Ahora ahorro entre el 25 y el 50% de mis ingresos cada año y ya no vivo en precipicio financiero.

La *Life Coach*, autora, oradora y presentadora de programas de entrevistas, Mel Robbins, dijo: "Si tienes un problema que puede solucionarse con la acción, entonces realmente no tienes ningún problema".

A veces creamos problemas por nuestra inacción y postergación. Piensa en un momento en el que tal vez venció una factura y postergaste el pago y luego tuviste terribles consecuencias. Si lo hubieras pagado cuando tocaba (tomando acción), no habrías tenido esas consecuencias.

Vivir una vida de pasión y propósito requiere acción. No puedes conseguir que otras personas hagan tus flexiones por ti. Solo tú puedes hacerlas. Podemos intentar culpar a nuestros padres, nuestro cónyuge, nuestros hijos, nuestra familia, nuestra geografía o nuestra situación de vida, pero al final del día, tenemos el poder de actuar y hacer cambios.

Empieza a notar cuándo estás postergando algo y escribe en un diario sobre por qué no estás tomando acción. Por lo general, es un bloqueo emocional y puedes solucionarlo escribiendo en un diario. El problema es que la mayoría de las veces no lo traemos a nuestra conciencia y nuestras mentes inconscientes están dirigiendo el espectáculo.

¿Cuáles son estas áreas de tu vida y las tres formas en que has creado obstáculos? ¿Están todos en finanzas, relaciones, negocios, etc.? Toma nota y examina los sentimientos que están debajo de tu inacción.

Notas

Capítulo 21: Principio

***¿Qué principio, causa, valor o propósito
estarías dispuesto a defender hasta la muerte
o dedicar tu vida a ello?***

Billy Sunday dijo una vez: "Más hombres fracasan por falta de propósito que por falta de talento".

Tengo algunas cosas que me motivan:

1. Familia,
2. Libertad,
3. Finanzas.

Cuando estaba atrapada en mi trabajo corporativo de 9-5, no tenía libertad y ahora que estoy fuera de esa vida, valoro mi libertad más que nada.

Mi familia lo es todo para mí y eso me motiva a tener éxito y ser un gran ejemplo.

Tener mis finanzas en orden me da *libertad* y opciones. Como mencioné anteriormente, ahora puedo ahorrar entre el 25 y el 50% de mis ingresos cada año. Hubo un tiempo en que ganaba seis cifras y tenía muy poco en mi cuenta de ahorros. Mi objetivo ahora es ahorrar el 50% de mis ingresos y este año me centraré más en aprovechar mi tiempo y crear flujos de ingresos pasivos adicionales.

¿Qué te motiva? Podría ser un valor como la libertad o la justicia; o una causa como ayudar a alimentar a las personas sin hogar; o un propósito como cambiar vidas hablando o escribiendo.

Los libros son parte del propósito de mi vida y son muy importantes para mí personalmente porque los libros han cambiado mi vida y me han salvado la vida de muchas maneras. Conozco el poder de un libro y es por eso que me apasionan tanto. Es parte de mi propósito difundir mensajes poderosos al mundo con mis propios libros y con los libros de mis clientes.

Piensa en las cosas que te cambiaron la vida o la salvaron. ¿Alguna vez has escuchado el dicho "Haz de tu desastre tu mensaje"? ¿Qué desastres hubo en tu vida? ¿Qué obstáculos has superado?

Muchas veces, nuestro propósito consiste en ayudar a otras personas a superar los mismos desastres en los que hemos estado nosotros anteriormente

Notas

Notas

Capítulo 22: Voz interior

¿Qué te ha estado diciendo tu voz interior que has estado ignorando?

Uno de mis autores favoritos es Richard Bode, quien escribió, *"First You Have to Row a Little Boat"* y *"Beachcombing at Miramar."* En su libro, dijo: "Creo que nacemos con el poder de curar nuestras heridas, no a través de milagros, sino a través de una voz silenciosa que nos habla desde nuestro interior y no se calmará; una voz que nos dice a dónde ir y qué hacer, que es un milagro de otro tipo. Es la negativa a prestar atención a esa voz interior lo que provoca la enfermedad incurable del alma que nos hace marchitar antes de tiempo".

¿Estás ignorando tu voz interior?

Después de dejar el campo legal, comencé a practicar la meditación todas las mañanas. Pronto, mi voz interior dijo repetidamente: "Es hora de superar tu miedo a hablar en público. Si no lo superas, eso impedirá que te conviertas en una escritora exitosa".

Ahora bien, esto no tenía sentido para mi mente lógica, así que lo ignoré durante mucho tiempo. Pero la voz era implacable. No desaparecería.

Mi mente lógica seguía tratando de averiguar qué demonios tenía que ver hablar en público con escribir.

Finalmente, me rendí y escuché mi voz interior. Me uní a *Toastmasters* y en poco tiempo y contra todo pronóstico, me convertí en presidente y gobernador de área. Eso me llevó a Speaking Circles®, del que hablé en un capítulo anterior y, aunque no lo creas, todo esto me ayudó a convertirme en mejor escritora porque mejoró mis habilidades de comunicación, me permitió conectarme con los demás y me dio la confianza que necesitaba para dejar de esconderme del mundo.

No quiero que me malinterpretes, todavía soy una gran introvertida a la que le encanta sentarme en casa sola y escribir libros. Pero sé que en el fondo ese no era el único propósito (del alma) de mi vida. Mi voz interior me dijo que tenía que salir al mundo y conectarme con otras personas a través del *networking*, hablar y enseñar.

Como resultado de escuchar mi voz interior, ahora tengo un negocio muy exitoso en el que puedo hacer cosas que amo, como escribir libros, enseñar, organizar retiros de escritores como www.oceanwriting.com y ayudar a los clientes con sus libros.

Hablar en público me convirtió en mejor escritora y me dio más cosas sobre las que escribir.

Escucha tu voz interior, incluso si no tiene sentido lógico. Presta mucha atención; especialmente si es implacable y sigue diciendo lo mismo.

Notas

Notas

Capítulo 23: Sufrimiento

¿Qué te ha enseñado tu sufrimiento?

"Unas personas una vez llevaron a un ciego a Jesús y le preguntaron: 'Rabino, ¿quién pecó, este hombre o sus padres, que nació ciego?" Todos querían saber por qué había caído sobre este hombre esta terrible maldición. Y Jesús respondió: 'No es que este hombre o sus padres hayan pecado, sino que las palabras de Dios se manifiestan en él'. Les dijo que no buscaran el porqué del sufrimiento, sino que escucharan lo que el sufrimiento podía enseñarles."

—Wayne Miller

El sufrimiento es nuestro mayor maestro y también es un paso necesario para evolucionar y transformar nuestras vidas. Por supuesto, tenemos la opción de ser víctimas de nuestro sufrimiento o aprender de nuestro sufrimiento.

Mi sufrimiento me ha enseñado a prestar atención a mi voz interior, mi corazón y mi alma. Me recuerda que cuando no escucho esa voz tranquila interior, mi vida se vuelve dolorosa y difícil.

No podemos escapar del sufrimiento. Nadie está exento de ello. Podemos tener una fiesta de compasión por nosotros mismos, pero si nos mantenemos en ese estado de ánimo nos convertimos en víctimas.

David R. Hawkins, MD, Ph.D., en su libro superventas, El *Poder frente a la Fuerza: Los determinantes Ocultos del comportamiento humano* dice: "No son los eventos de la vida, sino cómo uno reacciona ante ellos y la actitud que tiene sobre ellos, es lo que determina si tales eventos tienen un efecto positivo o negativo en la vida de uno, si se experimentan como una *oportunidad* o como *estrés*".

Continúa diciendo que no existe nada que tenga el poder de crear estrés. Un divorcio puede ser traumático si no es deseado o una liberación hacia la libertad si es deseado. Cuando nos sentimos impotentes, sentimos que estamos a merced de la vida y que la fuente de nuestra felicidad o infelicidad está "ahí fuera". Cuando recuperamos nuestro poder, nos damos cuenta de que la fuente de nuestra felicidad está dentro de nosotros mismos.

Victor Frankl, psiquiatra austriaco y sobreviviente del Holocausto es bien conocido por su libro, *El hombre en busca de sentido*, una meditación sobre lo que la espantosa experiencia de Auschwitz le enseñó sobre el propósito principal de la vida: la búsqueda de significado, que sostuvo a los que sobrevivieron..

Para Frankl, el significado provenía de tres fuentes posibles: trabajo con propósito, amor y coraje ante la dificultad. Frankl nos recuerda: "Todo se le puede quitar a un hombre, excepto una cosa: la última de las libertades humanas - elegir la actitud de uno en cualquier conjunto de circunstancias, elegir su propio camino".

Aprende de tu sufrimiento y elige no ser una víctima.

¿Qué te ha enseñado tu sufrimiento?

Notas

Pregunta extra: Esperando

¿A qué estás "esperando" para empezar a vivir?

Eckhart Tolle, un prolífico autor espiritual de libros transformacionales como Un Nuevo Mundo, ahora y El Poder del Ahora, dice:

"La espera a gran escala es la espera de las próximas vacaciones, de un mejor trabajo, de que los niños crezcan, de una relación verdaderamente significativa, de éxito, de ganar dinero, de ser importante, de iluminarse. No es raro que las personas pasen toda su vida *esperando* empezar a vivir."

Parece triste, pero es cierto. Todos hemos jugado al juego de la espera. Esperando un ascenso, esperando nuestra casa perfecta, nuestro trabajo perfecto o nuestra relación perfecta para ser "felices".

Cuando elegimos cosas externas para ser felices, ¿qué sucede si esas cosas no se concretan?

Significa que estamos perdiendo un tiempo precioso, no permitiéndonos ser felices en el presente.

No significa que no podamos desear un mejor trabajo, una mejor relación, una casa mejor o una situación mejor, pero si estamos esperando que suceda ese evento para ser felices, entonces el tiempo de espera es un tiempo perdido por no vivir en el momento presente.

¿Qué actividades o no actividades te devuelven al momento presente?

Para mí, es estar en la naturaleza y cerca del agua. También sentirme enfermo o tener una lesión me trae al presente porque hace que todo lo demás parezca menos importante. La meditación me ayuda a estar más presente. Cuando estamos realmente presentes, no nos preocupamos por el futuro ni pasamos tiempo lamentándonos del pasado.

La Organización Mundial de la Salud ha nombrado a la depresión como la mayor causa de sufrimiento en todo el mundo. En los EE. UU., 1 de cada 5 personas padece depresión o ansiedad. Para los jóvenes, ese número aumenta a 1 de cada 3.

La buena noticia es que el 40% de nuestra felicidad puede ser influenciada por pensamientos y acciones intencionadas, lo que lleva a hábitos que cambian la vida.

Elegimos nuestros pensamientos, sin embargo, no tenemos que ser víctimas de ellos. Cuando no vivimos en el momento presente, fácilmente podemos convertirnos en víctimas de nuestros pensamientos negativos.

En el libro número uno en ventas del New York Times de Michael Singer, *La Liberación del Alma*, dice que tenemos dos voces dentro de nosotros: una es nuestra voz habitual (voz narradora) o lo que él llama nuestro compañero de habitación interior y la otra es el observador.

Continúa diciendo:

"Los problemas generalmente no son lo que parecen. Cuando te aclaras lo suficiente, te darás cuenta de que el verdadero problema es que hay algo dentro de ti que puede tener un problema con casi cualquier cosa. El primer paso es lidiar con esa parte de ti ... Tienes que romper el hábito de pensar que la solución a tus problemas es reorganizar las cosas de afuera. La única solución permanente a tus problemas es entrar y soltar esa parte de ti que parece tener tantos problemas con la realidad".

Aquí hay un extracto de Oprah.com sobre la autora Bryon Katie y su opinión sobre el sufrimiento:

"Todo el sufrimiento que ocurre dentro de nuestras mentes no es la realidad", dice Byron Katie, "es sólo una historia con la que nos torturamos". Tiene un sistema sencillo y completamente replicable para liberarnos de los pensamientos que nos hacen sufrir. "Toda guerra comienza en el papel", explica. Escribe tus pensamientos estresantes y luego te haces las siguientes cuatro preguntas:

Pregunta 1: ¿Es verdad?

Esta pregunta puede cambiar tu vida. Quédate en silencio y pregúntate si el pensamiento que escribiste es cierto.

Pregunta 2: ¿Puedes saber absolutamente que es verdad?

Esta es otra oportunidad para abrir tu mente y adentrarte más en lo desconocido para encontrar las respuestas que viven debajo de lo que creemos saber.

Pregunta 3: ¿Cómo reaccionas - qué sucede - cuando crees en ese pensamiento?

Con esta pregunta, comienzas a notar la causa y el efecto interno. Puedes ver que cuando crees en el pensamiento, hay una perturbación que puede ir desde una leve incomodidad hasta miedo o pánico. ¿Qué sientes? ¿Cómo tratas a la persona (o la situación) sobre la que has escrito, cómo te tratas a ti mismo, cuando crees en ese pensamiento? Haz una lista y se específico.

Pregunta 4: ¿Quién serías sin el pensamiento?

Imagínate en presencia de esa persona (o en esa situación), sin creer el pensamiento. ¿Cómo sería diferente tu vida si no tuvieras la capacidad de ni siquiera pensar en pensamientos estresantes? ¿Cómo te sentirías? ¿Qué prefieres, la vida con o sin el pensamiento? ¿ Como te sientes más amable, más pacífico?

Dale la vuelta al pensamiento:

El "darle la vuelta" te da la oportunidad de experimentar lo contrario de lo que crees. Una vez que hayas dado la vuelta una o más veces a tu declaración original, se te invita a encontrar al menos tres ejemplos específicos y genuinos de cómo cada "darle la vuelta", cada cambio, es verdadero en tu vida.

****

Necesitamos dejar de esperar a que suceda algún evento futuro antes de que podamos ser felices. La felicidad es una opción.

Es importante observar a qué estás "esperando" para no dejar pasar la vida.

Haz una lista de tres cosas que estás esperando ahora mismo para ser feliz.

Hace años, contraté a una *coach* de carrera porque en mi trabajo legal me sentía muy desgraciada. Mientras construía mi negocio en línea a tiempo parcial, ella me animó a transformar mis pensamientos sobre mi trabajo en la firma de abogados y comenzar a verlo como un medio para un fin. Mi trabajo legal pagaba las facturas, se ocupaba de mi familia y me permitía construir mi negocio en línea a tiempo parcial. También me brindó muchas de las habilidades que necesitaba para desarrollar mi negocio en línea.

Entonces, en lugar de pensar que no podría ser feliz hasta que estuviera libre de mi trabajo en el campo legal, cambié mi pensamiento para disfrutar más el momento presente y saber que mientras trabajaba hacia algo más grande, también podría ser feliz en el lugar donde estaba.

¿Dónde en tu vida estás jugando al "juego de la espera"? ¿Cómo puedes apreciar lo que tienes ahora y ser feliz en este momento?

Como dice Mel Robbins, *Life Coach* y autora del libro más vendido, *El poder de los 5 segundos*: "Si un problema puede resolverse con la acción, entonces realmente no tienes ningún problema".

Entonces, si estás en una mala relación que te está quitando la energía, puedes dejar esa relación. Lo mismo ocurre con un trabajo que no te gusta o una situación estresante.

Si no puedes dejarlo, entonces puedes transformar tus pensamientos sobre la situación actual para estar en paz al respecto.

Notas

Notas

Pensamientos finales

Encontrar tu propósito y tu pasión no es un evento único.

Creo que nuestras pasiones cambian y evolucionan constantemente durante nuestras vidas, y si prestamos atención a nuestro corazón y alma, podemos vivir nuestras pasiones todos los días.

No hace falta pensar en pasiones de "gran escala" o "cambiar el mundo", pero sí tenemos que pensar en las cosas simples de la vida cotidiana que nos hacen felices y nos brindan alegría.

Algunas preguntas adicionales para reflexionar:

- ¿Qué te da energía y qué te la quita?
- ¿De qué quieres más en tu vida y de que menos?

Para todo lo que quieras en tu vida, responde la pregunta

Para tener _____, debe morir: _____.

En la naturaleza, existe un ciclo natural de vida-muerte-vida.

En su libro *Mujeres que corren con los lobos*, la autora Clarissa Pinkola Estes dice:

"La única confianza necesaria es saber que cuando hay un final, habrá otro comienzo".

Siempre estamos creando. Nacimos para crear.

Vive tu vida más por tus curiosidades que por tus miedos y te encontrarás más feliz, más alegre y con más energía.

Avanza y crea una vida llena de pasión y propósito.

¡Los tesoros están escondidos dentro de ti esperando que digas que "Sí"!

Notas

Notas

Sobre Michelle Kulp

Michelle Kulp desarrolló su carrera profesional durante 17 años en el campo legal, poniendo fin a la misma para cumplir sus sueños de escribir, enseñar y dar conferencias. En el año 2005, creó su primera página web www.becomea6figurewoman.com para inspirar a otras mujeres a vivir de sus pasiones, seguir sus sueños y ganar seis cifras haciendo lo que aman.

Desde el 2013, Michelle ha ayudado a otros autores a escribir, publicar y lanzar sus libros a las listas de los más vendidos en Amazon, Wall Street Journal y USA Today. Hasta la fecha ha ayudado a más de 250 autores a ocupar la posición #1 de las listas de los más vendidos. Michelle ha escrito y publicado más de 20 libros que se han convertido en *bestsellers*.

Puedes conectar con Michelle en www.bestsellingauthorprogram.com

www.ingramcontent.com/pod-product-compliance
Lightning Source LLC
LaVergne TN
LVHW051842080426
835512LV00018B/3032